Fidibus

Grammatik

Sabine Utheß

Ernst Klett Verlag
Stuttgart · Leipzig

Inhalt

Grammatik untersuchen

Wörter

flektierbare (veränderbare) Wörter

- Substantive/Nomen
- Artikel
  unbestimmte Artikel
  bestimmte Artikel
- Adjektive
- Pronomen
  Personalpronomen
  (persönliche Fürwörter)
  Possessivpronomen
  (besitzanzeigende
  Fürwörter)
  Demonstrativpronomen
  (hinweisende Fürwörter)
  Interrogativpronomen
  (Frage-Fürwörter)
- Verben

unflektierbare (nicht-veränderbare) Wörter

- Präpositionen
  (Verhältniswörter)
- Adverbien
  (Umstandswörter)
- Konjunktionen
  (Bindewörter)

Sätze

Satzarten

- Aussagesatz
- Fragesatz
  Ergänzungsfrage
  Entscheidungsfrage
- Aufforderungssatz

Satzglieder und Satzgliedteile

- Prädikat (als Satzkern)
- Subjekt
- Objekt
  Akkusativobjekt
  Dativobjekt
  Genitivobjekt
  Präpositionalobjekt
- Adverbialbestimmung
- Satzgliedteil Attribut

G

	Starke (unregelmäßige) Verben				Schwache (regelmäßige) Verben	
	e → i	e → ie	a → ä	au → äu		
	geben	sehen	fahren	laufen	kommen	sammeln
-e	ich gebe	ich sehe	ich fahre	ich laufe	ich komme	ich sammle
-st	du gibst	du siehst	du fährst	du läufst	du kommst	du sammelst
-t	er/sie/es gibt	er/sie/es sieht	er/sie/es fährt	er/sie/es läuft	er/sie/es kommt	er/sie/es sammelt
-en/-n	wir geben	wir sehen	wir fahren	wir laufen	wir kommen	wir sammeln
-t	ihr gebt	ihr seht	ihr fahrt	ihr lauft	ihr kommt	ihr sammelt
-en/-n	sie/Sie geben	sie/Sie sehen	sie/Sie fahren	sie/Sie laufen	sie/Sie kommen	sie/Sie sammeln
	weitere Beispiele: essen, helfen, messen, sprechen, treffen, vergessen, werfen	weitere Beispiele: lesen, befehlen	weitere Beispiele: fallen, gefallen, halten, lassen, schlagen, schlafen, wachsen, waschen	weitere Beispiele: verlaufen		

Merke außerdem!

essen → du isst	nehmen → du nimmst	treten → du trittst	wissen → ich weiß
heißen → du heißt	→ er/sie/es nimmt	→ er/sie/es tritt	→ du weißt
	sitzen → du sitzt		→ er/sie/es weiß

sein – haben – werden

sein	haben	werden
ich bin	ich habe	ich werde
du bist	du hast	du wirst
er/sie/es ist	er/sie/es hat	er/sie/es wird
wir sind	wir haben	wir werden
ihr seid	ihr habt	ihr werdet
sie/Sie sind	sie/Sie haben	sie/Sie werden

Beispiele:
Ich **bin** hier. **Hast** du einen Bruder? Er **wird** Lehrer.

Reflexive Verben

Akkusativ		
ich	wasche	**mich**
du	wäschst	**dich**
er/sie/es	wäscht	**sich**
wir	waschen	**uns**
ihr	wascht	**euch**
sie/Sie	waschen	**sich**

sich bedanken, sich beeilen, sich befinden, sich duschen, sich freuen, sich interessieren, sich legen, sich setzen

Dativ (mit Akkusativobjekt)			
ich	kaufe	**mir**	ein Buch
du	kaufst	**dir**	ein Buch
er/sie/es	kauft	**sich**	ein Buch
wir	kaufen	**uns**	ein Buch
ihr	kauft	**euch**	ein Buch
sie/Sie	kaufen	**sich**	ein Buch

sich die Haare kämmen, sich etwas merken, sich die Zähne/die Nase putzen, sich die Ohren waschen

Modalverben

dürfen	können	mögen	müssen	sollen	wollen
ich darf	ich kann	ich mag	ich muss	ich soll	ich will
du darfst	du kannst	du magst	du musst	du sollst	du willst
er/sie/es darf	er/sie/es kann	er/sie/es mag	er/sie/es muss	er/sie/es soll	er/sie/es will
wir dürfen	wir können	wir mögen	wir müssen	wir sollen	wir wollen
ihr dürft	ihr könnt	ihr mögt	ihr müsst	ihr sollt	ihr wollt
sie/Sie dürfen	sie/Sie können	sie/Sie mögen	sie/Sie müssen	sie/Sie sollen	sie/Sie wollen

Beispiele:

Wir **dürfen** hier nicht spielen. Ich **kann** Englisch sprechen.
Mögen Sie Kaffee oder Tee? Wann **musst** du gehen?
Ihr **sollt** das Gedicht lernen. Warum **will** sie nicht kommen?

Trennbare Verben

Verben mit diesen Vorsilben sind immer trennbar:

		Auch diese Verben sind trennbar:
ab-	Der Zug **fährt** gleich **ab**! (abfahren)	
an-	Ich **fange** schon mal **an**. (anfangen)	
auf-	Ich **höre** jetzt mit dem Lesen **auf**. (aufhören)	
aus-	Wann **steigst** du **aus**? (aussteigen)	
ein-	Am Samstag **kaufe** ich immer viel **ein**. (einkaufen)	
her-	**Schau** mal **her**! (herschauen)	
heraus-	Sie **kommt** jetzt **heraus**. (herauskommen)	
hin-	Sie **geht** zu ihm **hin**. (hingehen)	
hinein-	Er **läuft** ins Stadion **hinein**. (hineinlaufen)	
los-	Sie **fahren** um 12.00 Uhr **los**. (losfahren)	
mit-	Wir **kommen** mit euch **mit**. (mitkommen)	
vor-	Was **schlägst** du **vor**? (vorschlagen)	
weg-	Der Schmerz **geht** allmählich **weg**. (weggehen)	
zu-	**Hört** bitte mal **zu**! (zuhören)	
zurück-	Sie **bringt** das Buch heute **zurück**. (zurückbringen)	

Auch diese Verben sind trennbar:

feststellen: Er **stellt** die Temperatur **fest**.
fernsehen: Ich **sehe** gern **fern**.
stattfinden: Wo **findet** das Spiel **statt**?

Merke!

Verben mit den Vorsilben **be**-, **emp**-, **ent**-, **er**-, **miss**-, **ver**-, **zer**- sind nie trennbar.

1.2 Zeitformen: Präteritum
Starke (unregelmäßige) und schwache (regelmäßige) Verben

G

Starke (unregelmäßige) Verben			
-a-	-ie-	-u-	-o-
geben	**rufen**	**fahren**	**verlieren**
ich gab	ich rief	ich fuhr	ich verlor
du gabst	du riefst	du fuhrst	du verlorst
er/sie/es gab	er/sie/es rief	er/sie/es fuhr	er/sie/es verlor
wir gaben	wir riefen	wir fuhren	wir verloren
ihr gabt	ihr rieft	ihr fuhrt	ihr verlort
sie/Sie gaben	sie/Sie riefen	sie/Sie fuhren	sie/Sie verloren

Schwache (regelmäßige) Verben		
	-te-	-ete-
	leben	**atmen**
-te / -ete	ich lebte	ich atmete
-test / -etest	du lebtest	du atmetest
-te / -ete	er/sie/es lebte	er/sie/es atmete
-ten / -eten	wir lebten	wir atmeten
-tet / -etet	ihr lebtet	ihr atmetet
-ten / -eten	sie/Sie lebten	sie/Sie atmeten

So auch (starke Verben)			
-a-	-ie-	-u-	-o-
e → a: befehlen, essen (aß), helfen, lesen, nehmen, sehen, sprechen, treffen (traf), werfen i → a: bitten (bat), finden, singen, trinken	a → ie: fallen (fiel), halten, lassen (ließ) au → ie: laufen verlaufen ei → ie: heißen, schreiben, steigen	a → u: graben, schlagen, tragen, waschen	ie → o: biegen, gießen (goss), riechen, schieben, wiegen

Merke außerdem!

bringen → brachte	denken → dachte	gehen → ging	stehen → stand
sitzen → saß	tun → tat	wissen → wusste	ziehen → zog

sein – haben – werden

sein	haben	werden
ich war	ich hatte	ich wurde
du warst	du hattest	du wurdest
er/sie/es war	er/sie/es hatte	er/sie/es wurde
wir waren	wir hatten	wir wurden
ihr wart	ihr hattet	ihr wurdet
sie/Sie waren	sie/Sie hatten	sie/Sie wurden

Beispiele:

Martin hatte Geburtstag. Lasse war dort.

Es wurde lange gefeiert.

Modalverben

dürfen	können	mögen
ich durfte	ich konnte	ich mochte
du durftest	du konntest	du mochtest
er/sie/es durfte	er/sie/es konnte	er/sie/es mochte
wir durften	wir konnten	wir mochten
ihr durftet	ihr konnten	ihr mochtet
sie/Sie durften	sie/Sie konnten	sie/Sie mochten

müssen	sollen	wollen
ich musste	ich sollte	ich wollte
du musstest	du solltest	du wolltest
er/sie/es musste	er/sie/es sollte	er/sie/es wollte
wir mussten	wir sollten	wir wollten
ihr musstet	ihr solltet	ihr wolltet
sie/Sie mussten	sie/Sie sollten	sie/Sie wollten

Beispiele:

Wir durften dort nicht laufen. Sie konnte nicht kommen.

Sie mochte ihren Hund sehr gern. Wir mussten gehen.

Ihr solltet das lernen. Warum wolltest du nicht mitmachen?

1.3 Zeitformen: Perfekt
Perfekt mit haben oder sein

Präsens von haben + Partizip Perfekt	Präsens von sein + Partizip Perfekt
ich habe geholfen	Ich bin geflogen
du hast geholfen	du bist geflogen
er/sie/es hat geholfen	er/sie/es ist geflogen
wir haben geholfen	wir sind geflogen
ihr habt geholfen	ihr seid geflogen
sie/Sie haben geholfen	wir sind geflogen

Beispiele:
Ich **bin** im Kino **gewesen**. Ich **habe** mich **umgesehen**.
Er **hat** schon **gefrühstückt**. Wir **sind** nach Hause **gekommen**.
Es **ist** so **geschehen**. Er **ist** Lehrer **geworden**.

Merke!

→ Perfekt mit **sein**:
– Verben der Fortbewegung, z. B. fahren, fliegen, gehen, laufen, rennen, schwimmen
– außerdem: bleiben, kommen, sein, wachsen, werden, geschehen

→ Perfekt mit **haben**:
– alle anderen Verben, auch reflexive Verben und Modalverben

Bildung des Partizips Perfekt

Schwache (regelmäßige) Verben				Starke (unregelmäßige) Verben		
		Verben mit **be-, ent-, er-, ge-, ver-** Verben auf **-ieren**				
	<u>ge</u>-Stamm-**t**		Stamm-**t**			
fragen → fragte	→ **ge**-<u>frag</u>-**t**	**be**wegen → bewegte	→ <u>beweg</u>-**t**	helfen → half	→ **ge**-holf-**en**	
sparen → sparte	→ **ge**-<u>spar</u>-**t**	**er**zählen → erzählte	→ <u>erzähl</u>-**t**	laufen → lief	→ **ge**-lauf-**en**	
weinen → weinte	→ **ge**-<u>wein</u>-**t**	prob**ieren** → probierte	→ <u>probier</u>-**t**	finden → fand	→ **ge**-fund-**en**	

So auch (schwache Verben):

ge–<u>Stamm</u>–**t**:	Vorsilbe–<u>Stamm</u>–**t** / <u>Stamm</u>–ier–**t**
antworten, sich ärgern, atmen, baden, bilden, blühen, brauchen, dauern, drehen, feiern, sich freuen, glänzen, glauben, gründen, grüßen, hassen, heiraten, heizen, hören, kaufen, klappen, kochen, leben, machen, malen, reisen, sagen, schenken, schimpfen, schmecken, schneien, schützen, skaten, sollen, sorgen, spielen, spülen, starten, suchen, tanzen, wandern, warten, wohnen, wollen, wünschen	beantworten, sich beeilen, beenden, begründen, berichten, sich beschäftigen, besuchen, bezahlen, diskutieren, entschuldigen, sich erholen, sich erinnern, erklären, erwarten, gehören, gewinnen, gratulieren, informieren, sich interessieren, komponieren, musizieren, produzieren, sortieren, studieren, telefonieren, trainieren, verbrauchen, verdienen, verkaufen, verschmutzen, versorgen, verwenden

Merke!

- **ohne ge-** auch einige Verben mit **über-, unter-** und **wieder-** bilden das Partizip <u>ohne</u> **ge-, z. B.:** überlegen, überreden, übersetzen, übernachten, unterrichten, wiederholen
- Bei **trennbaren Verben** (vgl. Punkt 1.4) steht das **ge-** zwischen Vorsilbe und Verb, z. B.: ab**ge**fahren, an**ge**fangen, vor**ge**schlagen, weg**ge**laufen

Die Stammformen des Verbs

Die Formen folgender Verben müssen auswendig gelernt werden:

beißen	→ biss	→ gebissen	bieten	→ bot	→ geboten	bitten	→ bat	→ gebeten
bleiben	→ blieb	→ geblieben	brechen	→ brach	→ gebrochen	bringen	→ brachte	→ gebracht
denken	→ dachte	→ gedacht	fallen	→ fiel	→ gefallen	finden	→ fand	→ gefunden
fressen	→ fraß	→ gefressen	geben	→ gab	→ gegeben	gehen	→ ging	→ gegangen
gießen	→ goss	→ gegossen	gewinnen	→ gewann	→ gewonnen	haben	→ hatte	→ gehabt
halten	→ hielt	→ gehalten	heißen	→ hieß	→ geheißen	helfen	→ half	→ geholfen
kennen	→ kannte	→ gekannt	klingen	→ klang	→ geklungen	kommen	→ kam	→ gekommen
lassen	→ ließ	→ gelassen	laufen	→ lief	→ gelaufen	lesen	→ las	→ gelesen
liegen	→ lag	→ gelegen	lügen	→ log	→ gelogen	müssen	→ musste	→ gemusst
nennen	→ nannte	→ genannt	reiten	→ ritt	→ geritten	rufen	→ rief	→ gerufen
scheinen	→ schien	→ geschienen	schlafen	→ schlief	→ geschlafen	schneiden	→ schnitt	→ geschnitten
schreiben	→ schrieb	→ geschrieben	schweigen	→ schwieg	→ geschwiegen	schwimmen	→ schwamm	→ geschwommen
sehen	→ sah	→ gesehen	sein	→ war	→ gewesen	singen	→ sang	→ gesungen
sprechen	→ sprach	→ gesprochen	springen	→ sprang	→ gesprungen	stehen	→ stand	→ gestanden
streiten	→ stritt	→ gestritten	tragen	→ trug	→ getragen	treffen	→ traf	→ getroffen
trinken	→ trank	→ getrunken	tun	→ tat	→ getan	wachsen	→ wuchs	→ gewachsen
waschen	→ wusch	→ gewaschen	werben	→ warb	→ geworben	werden	→ wurde	→ geworden
werfen	→ warf	→ geworfen						

1.4 Zeitformen: Plusquamperfekt

Präteritum von *haben* + Partizip Perfekt	Präteritum von *sein* + Partizip Perfekt
ich hatte geholfen	ich war geflogen
du hattest geholfen	du warst geflogen
er/sie/es hatte geholfen	er/sie/es war geflogen
wir hatten geholfen	wir waren geflogen
ihr hattet geholfen	ihr wart geflogen
sie/Sie hatten geholfen	sie/Sie waren geflogen

Beispiele:
Nachdem wir das Schiff verlassen hatten, gingen wir erst einmal in die Stadt.

1.5 Zeitformen: Futur I

Präsens von *werden* + Infinitiv
ich werde helfen
du wirst helfen
er/sie/es wird helfen
wir werden helfen
ihr werdet helfen
Sie/sie werden helfen

Merke!

Das Futur I drückt die Zukunft oder eine Vermutung aus.

Lisa wird morgen später kommen. → *morgen, nicht heute* / *wahrscheinlich*

Die Zukunft kann man aber auch durch Präsensformen ausdrücken: *Lisa kommt morgen später.*

2 Substantive/Nomen | 2.1 Merkmale

Substantive/Nomen werden immer großgeschrieben.
Sie bezeichnen Lebewesen, Gegenstände, Gefühle oder Gedachtes:

die Pflanze, der Tisch, die Angst, die Freude

2.2 Genus (Geschlecht)

Substantive/Nomen können **männlich**, *weiblich* oder <u>sächlich</u> sein.
Sie haben ein grammatisches Geschlecht (Genus): *Maskulinum, Femininum, Neutrum*

der Mann, *die* Frau, <u>das</u> Kind

2.3 Numerus

Substantive/Nomen können in der Einzahl (Singular) oder
in der Mehrzahl (Plural) vorkommen:

der Mann - **die** Männer, **die** Pflanze - **die** Pflanzen

-e /-(ä, ö, ü)e	-n/-en	-er /-(ä, ö, ü)er	-/-(ä, ö, ü)	-s
die Hunde	die Katzen	die Eier	die Hamster	die Zebras
die Hähne	die Papageien	die Hühner	die Vögel	die Diskos
die Fische	die Enten	die Bücher	die Brüder	die Autos
die Kühe	die Frauen	die Felder	die Lehrer	die Fotos
die Mäuse	die Hasen	die Häuser	die Mädchen	die Handys
die Schafe	die Schulen	die Kinder	die Schüler	die Parks
die Sätze	die Schwestern	die Männer	die Väter	die Partys
die Söhne		die Wörter	die Theater	die Sofas

Merke!

das Ergebnis → die Ergebnisse
das Erlebnis → die Erlebnisse
das Ereignis → die Ereignisse

2.4 Kasus

Substantive/Nomen treten in verschiedenen Kasus (Fällen) auf. Sie werden dekliniert.
Man unterscheidet Nominativ (1. Fall), Genitiv (2. Fall), Dativ (3. Fall), Akkusativ (4. Fall):

Kasus der bestimmten Artikel im Singular (Einzahl)

Maskulinum Femininum Neutrum

	maskulin (männlich)	feminin (weiblich)	neutral (sächlich)
Nominativ	der Mann	die Frau	das Kind
Genitiv	des Mann(e)s	der Frau	des Kind(e)s
Dativ	dem Mann	der Frau	dem Kind
Akkusativ	den Mann	die Frau	das Kind

Merke!

Das **-e-** im Genitiv steht **immer** nach

-s: *das Haus → des Hauses*

-ß: *der Fuß → des Fußes*

-z: *der Platz → des Platzes*

Beispiel:
Die Frau schenkt dem Kind ein Buch.

Merke!

Einige Substantive/Nomen werden nach der **n-Deklination** gebeugt: **alle Kasus außer Nominativ enden auf -n/-en.**

Die n-Deklination tritt bei Substantiven/Nomen auf, wenn sie männliche Lebewesen bezeichnen und:

– die maskulinen Nomen/Substantive im Nominativ auf **-e** enden: der Junge → des Jungen, der Affe → des Affen

– die maskulinen Substantive/Nomen im Nominativ Plural auf **-en/-n** enden: die Herren → des Herren, die Menschen → des Menschen

– sie **Fremdwörter** sind und auf -and, -ant, -ent, -ist, -ast, -at, -et, -it, -ot, -nom, -loge, -agoge enden: des Musikanten, des Studenten, des Touristen, des Gymnasiasten, des Soldaten, des Poeten, des Idioten, des Astronomen,

Kasus der bestimmten Artikel im Plural (Mehrzahl)

	maskulin (männlich)	feminin (weiblich)	neutral (sächlich)
Nominativ	die Männer	die Frauen	die Kinder
Genitiv	der Männer	der Frauen	der Kinder
Dativ	den Männern	den Frauen	den Kindern
Akkusativ	die Männer	die Frauen	die Kinder

Kasus der unbestimmten Artikel

	maskulin (männlich)	feminin (weiblich)	neutral (sächlich)
Nominativ	ein / kein Mann	eine / keine Frau	ein / kein Kind
Genitiv	eines / keines Mann(e)s	einer / keiner Frau	eines / keines Kind(e)s
Dativ	einem / keinem Mann	einer / keiner Frau	einem / keinem Kind
Akkusativ	einen / keinen Mann	eine / keine Frau	ein / kein Kind

Beispiel:
Ich sehe einen Mann und eine Frau, aber kein Kind.

3 Pronomen (Fürwörter) | 3.1 Personalpronomen (persönliche Fürwörter)

Nominativ	Genitiv	Dativ	Akkusativ
ich	meiner	mir	mich
du	deiner	dir	dich
er	seiner	ihm	ihn
sie	ihrer	ihr	sie
es	seiner	ihm	es
wir	unser	uns	uns
ihr	euer	euch	euch
sie/Sie	ihr/Ihr	ihnen /Ihnen	sie /Sie

Beispiele:
Ich wünsche dir alles Gute.
Was schenken wir ihnen zu Weihnachten?
Wir wünschen Ihnen viel Erfolg.
Das gefällt mir nicht.
Mich stört es nicht.
Wann kommt ihr zu uns?
Ich gratuliere euch zu diesem Ergebnis.
Ostern fahren wir zu ihr.
Wie geht es ihm?
Wir gedachten ihrer.

3.2 Interrogativpronomen (Frage-Fürwörter)

	maskulin (männlich)	feminin (weiblich)	neutral (sächlich)
Nominativ	welcher Mann	welche Frau	welches Kind
Genitiv	welches Mann(e)s	welcher Frau	welches Kind(e)s
Dativ	welchem Mann	welcher Frau	welchem Kind
Akkusativ	welchen Mann	welche Frau	welches Kind

Beispiele:
Welcher Mann ist dein Lehrer?
– Der Mann mit dem Mantel.
Welchem Kind gehört das Buch?
– Dem Kind in der ersten Reihe.
Welche Katze magst du am liebsten?
– Die Katze mit dem weißen Ohr.

3.3 Demonstrativpronomen (hinweisende Fürwörter)

	maskulin (männlich)	feminin (weiblich)	neutral (sächlich)
Nominativ	dieser Mann	diese Frau	dieses Kind
Genitiv	dieses Mann(e)s	dieser Frau	dieses Kind(e)s
Dativ	diesem Mann	dieser Frau	diesem Kind
Akkusativ	diesen Mann	diese Frau	dieses Kind

Beispiele:

Welcher Mann ist dein Lehrer? – Dieser Mann.

Welchem Kind gehört das Buch? – Diesem Kind.

Welche Katze magst du am liebsten? – Diese Katze dort.

3.4 Possessivpronomen (besitzanzeigende Fürwörter)

Nominativ

	maskulin (männlich)	feminin (weiblich)	neutral (sächlich)
ich	mein Stift	meine Uhr	mein Foto
du	dein Stift	deine Uhr	dein Foto
er/es	sein Stift	seine Uhr	sein Foto
sie	ihr Stift	ihre Uhr	ihr Foto
wir	unser Stift	unsere Uhr	unser Foto
ihr	euer Stift	eure Uhr	euer Foto
sie/Sie	ihr/Ihr Stift	ihre/Ihre Uhr	ihr/Ihr Foto

Genitiv

maskulin (männlich)	feminin (weiblich)	neutral (sächlich)
meines Stiftes	meiner Uhr	meines Fotos
deines Stiftes	deiner Uhr	deines Fotos
seines Stiftes	seiner Uhr	seines Fotos
ihres Stiftes	ihrer Uhr	ihres Fotos
unseres Stiftes	unserer Uhr	unseres Fotos
eures Stiftes	eurer Uhr	eures Fotos
ihres/Ihres Stiftes	ihrer/Ihrer Uhr	ihres/Ihres Fotos

Dativ

	maskulin (männlich)	feminin (weiblich)	neutral (sächlich)
ich	meinem Stift	meiner Uhr	meinem Foto
du	deinem Stift	deiner Uhr	deinem Foto
er/es	seinem Stift	seiner Uhr	seinem Foto
sie	ihrem Stift	ihrer Uhr	ihrem Foto
wir	unserem Stift	unserer Uhr	unserem Foto
ihr	eurem Stift	eurer Uhr	eurem Foto
sie/Sie	ihrem/Ihrem Stift	ihrer/Ihrer Uhr	ihrem/Ihrem Foto

Akkusativ

maskulin (männlich)	feminin (weiblich)	neutral (sächlich)
meinen Stift	meine Uhr	mein Foto
deinen Stift	deine Uhr	dein Foto
seinen Stift	seine Uhr	sein Foto
ihren Stift	ihre Uhr	ihr Foto
unseren Stift	unsere Uhr	unser Foto
euren Stift	eure Uhr	euer Foto
ihren/Ihren Stift	ihre/Ihre Uhr	ihr/Ihr Foto

Beispiele:

Wo ist mein Stift? Weißt du, wo meine Uhr liegt? Kannst du mir bitte dein Foto zeigen?

Dann nehme ich ihre Stifte. Wie spät ist es denn auf seiner Uhr? Sagen Sie bitte, ist das hier Ihre Uhr?

Eure Stifte schreiben gut! Unsere Küchenuhr ist stehengeblieben. Ich finde unser Foto richtig schön!

4   Adjektive | 4.1 Adjektive beim Substantiv/Nomen – Deklination

Adjektive beim Substantiv/Nomen ohne Begleiter

	maskulin (männlich)	feminin (weiblich)	neutral (sächlich)	Plural
Nominativ	süßer Tee	kalte Limo	gesundes Essen	neue Rezepte
Genitiv	süßen Tees	kalter Limo	gesunden Essens	neuer Rezepte
Dativ	süßem Tee	kalter Limo	gesundem Essen	neuen Rezepten
Akkusativ	süßen Tee	kalte Limo	gesundes Essen	neue Rezepte

Beispiele:

Ich trinke immer süßen Tee. In der Flasche ist kalte Limo.

Magst du gesundes Essen? Er probiert gern neue Rezepte aus.

Adjektive beim Substantiv/Nomen nach bestimmtem Artikel

	maskulin (männlich)	feminin (weiblich)	neutral (sächlich)	Plural
Nominativ	der süße Tee	die kalte Limo	das gesunde Essen	die neuen Rezepte
Genitiv	des süßen Tees	der kalten Limo	des gesunden Essens	der neuen Rezepte
Dativ	dem süßen Tee	der kalten Limo	dem gesunden Essen	den neuen Rezepten
Akkusativ	den süßen Tee	die kalte Limo	das gesunde Essen	die neuen Rezepte

Beispiele:

Die kalte Limo ist in dieser Flasche. Wegen des süßen Tees muss er zum Zahnarzt. Meine Gesundheit verdanke ich dem gesunden Essen. Kannst du mir morgen die neuen Rezepte geben?

Adjektive beim Substantiv/Nomen nach unbestimmtem Artikel

	maskulin (männlich)	feminin (weiblich)	neutral (sächlich)
Nominativ	ein süßer Tee	eine kalte Limo	ein gesundes Essen
Genitiv	eines süßen Tees	einer kalten Limo	eines gesunden Essens
Dativ	einem süßen Tee	einer kalten Limo	einem gesunden Essen
Akkusativ	einen süßen Tee	eine kalte Limo	ein gesundes Essen

Beispiele:

Wir hätten gerne einen süßen Tee und eine kalte Limo. Das ist ein gesundes Essen.

Adjektive beim Substantiv/Nomen nach Possessivpronomen (besitzanzeigendem Fürwort)

	maskulin (männlich)	**feminin** (weiblich)	**neutral** (sächlich)	**Plural**
Nominativ	mein süß**er** Tee	meine kalt**e** Limo	mein gesund**es** Essen	meine neu**en** Rezepte
Genitiv	meines süß**en** Tees	meiner kalt**en** Limo	meines gesund**en** Essens	meiner neu**en** Rezepte
Dativ	meinem süß**en** Tee	meiner kalt**en** Limo	meinem gesund**en** Essen	meinen neu**en** Rezepten
Akkusativ	meinen süß**en** Tee	meine kalt**e** Limo	mein gesund**es** Essen	meine neu**en** Rezepte

Beispiele:

Wer möchte <u>meinen</u> **süß**en Tee kosten?

<u>Meine</u> **kalt**e Limo schmeckt super!

<u>Mein</u> **gesund**es Essen schmeckt dir bestimmt auch.

Möchtest du <u>meine</u> **neu**en Rezepte haben?

4.2 Komparation (Steigerung) der Adjektive

Regelmäßige Formen

Grundstufe (Positiv)	1. Vergleichsstufe (Komparativ)	2. Vergleichsstufe (Superlativ)
–	-er	-sten
lustig	lustiger	am lustigsten
dünn	dünner	am dünnsten
kräftig	kräftiger	am kräftigsten
ruhig	ruhiger	am ruhigsten
langsam	langsamer	am langsamsten
schnell	schneller	am schnellsten

Merke! *tot, schwanger, mündlich*

a, o, u → ä, ö, ü		
alt	älter	am ältesten
gesund	gesünder	am gesündesten
groß	größer	am größten
jung	jünger	am jüngsten
kalt	kälter	am kältesten

Nicht steigerbar: tot, schwanger, einzig, kinderlos, mündlich, dreieckig.

Unregelmäßige Formen

Grundstufe (Positiv)	1. Vergleichsstufe (Komparativ)	2. Vergleichsstufe (Superlativ)
–	-er	-sten
gut	besser	am besten
gern	lieber	am liebsten
viel	mehr	am meisten
hoch	höher	am höchsten
dunkel	dunkler	am dunkelsten
nah	näher	am nächsten

Vergleiche mit wie und als

Grundstufe: **wie**
(genauso …, nicht so …, ebenso …)

Beispiele:
Jan ist **genauso** groß **wie** ich.
Karl hat **so** große Füße **wie** Ewa.
Alex kann **so** schnell laufen **wie** Alisa.

1. Vergleichsstufe: **als**
(viel mehr …)

Beispiele:
Lea ist größer **als** Hamid.
Janne schläft länger **als** Ayla.
Marco bleibt länger wach **als** Klara.

5   Präpositionen (Verhältniswörter)

nur mit Dativ	nur mit Akkusativ	mit Dativ oder Akkusativ	nur mit Genitiv
aus, bei, gegenüber, mit, nach, seit, außer, zu, von	bis, durch, für, gegen, ohne, um, wider	an, auf, hinter, in, neben, über, unter, vor, zwischen	außerhalb, statt, trotz, während, wegen

Beispiele:
aus der Stadt,
bei ihrer Schwester,
mit großem Erfolg,
seit einem Jahr,
von seiner Mutter

Beispiele:
durch die Straße,
für meinen Bruder,
gegen den Krieg,
ohne den Freund,
um die Ecke

Beispiele:
Wo? – **an** der Tür,
auf dem Schrank,
in der Schule,
unter dem Bett
Wohin? – **an** die Tür,
auf den Schrank,
in die Schule,
unter das Bett

Beispiele:
außerhalb der Schule,
statt eines Geschenkes,
trotz des Regens,
während der Ferien

Merke!

an das → **ans**, an dem → **am**, in das → **ins**, in dem → **im**,
von dem → **vom**, zu dem → **zum**, zu der → **zur**

Beispiele:
Wir fahren **ans** Meer. **Am** Strand ist es heute windig. Kommst du mit **ins** Kino? Wir treffen uns **im** Park.
Er läuft **zum** Training. Sie geht **zur** Schule.

6   Konjunktionen (Bindewörter)

Nebenordnende Konjunktionen	Unterordnende Konjunktionen
denn, doch, jedoch, oder, sowie, sondern, sowohl – als auch, und, weder – noch, aber, zwar – aber	als, bevor, bis, da, damit, dass, ehe, falls, indem, nachdem, ob, obwohl, obgleich, seitdem, sobald, solange, um, während, weil, wenn, wenngleich, zumal

Beispiele:

Wir haben einen Schirm dabei, **denn** der Wetterbericht hat Regen angesagt.

Wir sind in die Berge zum Skilaufen gefahren, **doch** es hat nicht geschneit.

Kann ich direkt zum Goetheplatz fahren **oder** muss ich umsteigen?

Entweder du kommst jetzt mit **oder** du besuchst uns morgen.

Beispiele:

Sie kam, **als** ich schon nicht mehr daran geglaubt hatte.

Bevor ihr anfangt, müsst ihr euch aufwärmen.

Ich muss noch üben, **damit** ich es morgen kann.

Ich denke, **dass** wir die Gewinner sind.

Falls ihr keine Zeit habt, gehen wir allein.

Obwohl sie erkältet war, ging sie zum Baden.

7 Adverbien (Umstandswörter)

Temporaladverbien (Zeit) Wann? Wie lange? Wie oft?	Lokaladverbien (Ort) Wo? Wohin? Woher?	Kausaladverbien (Grund) Warum? Weswegen?	Modaladverbien (Art und Weise) Wie? Auf welche Art und Weise? Was meint der Sprecher? In welchem Maße?
abends, damals, dauernd, diens- tags, einst, einmal, früher, gera- de, gestern, gleich, heute, jetzt, immer, kurz, lange, manchmal	da, dort, draußen, geradeaus, herein, herunter, hier, hierher, hinauf, hinaus, hinein, hinten, ir- gendwo, links, nirgendwo, oben, rechts, rückwärts, überall, unten, vorne, vorwärts, woanders	anstandshalber, daher, darum, deshalb, deswegen, vorsichts- halber, zufälligerweise	anders, anscheinend, bestimmt, dummerweise, gern, glücklicher- weise, hoffentlich, irgendwie, leider, lieber, sicher(lich), un- glücklicherweise, vielleicht

Beispiele:
Ich trainiere montags und donnerstags.
Heute ist er lange geblieben.
Sie ist immer freundlich.

Beispiele:
Wir wohnen oben.
Müllers wohnen unten.
Das Buch liegt links auf dem Tisch.
Setzen Sie sich bitte hierher.

Beispiele:
Deshalb esse ich kein Fleisch.
Ich kann dir darum nicht antworten.
Deswegen ziehen wir um.

Beispiele:
Ich lese gern Abenteuerbücher.
Kann ich das auch anders machen?
Unglücklicherweise ist sie gestürzt.

Merke!

Einige wenige Adverbien bilden auch **Steigerungsformen**.

bald → eher (Mal sehen, wer eher da ist.)   gern → lieber (Isst du lieber Reis oder Kartoffeln?)

oft → öfter (Du solltest öfter üben.)   viel → mehr (Das ärgert mich mehr, als du denkst.)

wohl → wohler (Ich fühle mich heute viel wohler als gestern.).

8   Numeralia (Zahlwörter)

8.1 Kardinalzahlen (Grundzahlen)

0 null	10 zehn	20 zwanzig		
1 eins	11 elf	21 einundzwanzig		100 hundert
2 zwei	12 zwölf	22 zweiundzwanzig		200 zweihundert
3 drei	13 dreizehn	23 dreiundzwanzig	30 dreißig	300 dreihundert
4 vier	14 vierzehn	24 vierundzwanzig	40 vierzig	400 vierhundert
5 fünf	15 fünfzehn	25 fünfundzwanzig	50 fünfzig	500 fünfhundert
6 sechs	16 sechzehn	26 sechsundzwanzig	60 sechzig	600 sechshundert
7 sieben	17 siebzehn	27 siebenundzwanzig	70 siebzig	700 siebenhundert
8 acht	18 achtzehn	28 achtundzwanzig	80 achtzig	800 achthundert
9 neun	19 neunzehn	29 neunundzwanzig	90 neunzig	900 neunhundert
				1000 tausend

Beispiele:
im ersten Stock, in der zweiten Klasse, im dritten Haus, im vierten Band,
in der fünften Schule, die Hälfte des neunzehnten Kapitels,
auf der zwanzigsten Seite, am einundzwanzigsten Mai

8.2 Ordinalzahlen (Ordnungszahlen)

1. der erste Stock
2. die zweite Klasse
3. das dritte Haus
4. der vierte Band
5. die fünfte Schule
19. das neunzehnte Kapitel
20. die zwanzigste Seite
21. der einundzwanzigste Tag

9 Satzarten | 9.1 Aussagesatz (.)

Subjekt	finite (gebeugte) Verbform	
Ich	heiße	Arthur.
Er	isst	die Pizza.
Sie	hat	sich in den Ferien am Meer erholt.

9.2 Fragesatz (?)

Ergänzungsfrage

Interrogativpronomen (Frage-Fürwort)	finite (gebeugte) Verbform	Subjekt
Wie	heißt	du?
Wohir	geht	ihr?
Wann	kommst	du?

Entscheidungsfrage

finite (gebeugte) Verbform	Subjekt	
Kommst	du	heute?
Ist	er	schon weg?
Hast	du	geschlafen?

9.3 Aufforderungssatz (. !)

finite (gebeugte) Verbform	
Schreibt	diese Wörter ab.
Nimm	dir noch Kuchen!

10   Satzglieder

Das **Prädikat** (die Satzaussage) ist das Zentrum des Satzes. Ohne Prädikat kann kein Satz entstehen. Es kann im Satz durch die Satzglieder Subjekt, Objekt und Adverbialbestimmung ergänzt werden.

Man kann bestimmte Wörter und Wortgruppen im Satz gemeinsam umstellen, ohne dass sich die Bedeutung des Satzes verändert. Diese Wörter bilden zusammen ein Satzglied. Man kann die Satzglieder durch die Umstellprobe ermitteln.

Beispiel:

Tim und Lena	sammeln	nach der Schule	viele Kastanien	im Wald.
Nach der Schule	sammeln	Tim und Lena	im Wald	viele Kastanien.
Im Wald	sammeln	Tim und Lena	nach der Schule	viele Kastanien.

Man kann bestimmte Wörter und Wortgruppen in einem Satz nur gemeinsam weglassen. Diese Wörter bilden zusammen ein Satzglied. Man kann die Satzglieder durch die Weglassprobe ermitteln.

Beispiel:

Tim und Lena	sammeln	nach der Schule	viele Kastanien	im Wald.
Tim und Lena	sammeln		viele Kastanien	im Wald.
Tim und Lena	sammeln	nach der Schule	viele Kastanien.	

10.1 Prädikat

Es informiert darüber, was passiert oder was getan wird.
Man erfragt das Prädikat mit **Was tut jemand?** oder **Was geschieht?**
Es besteht aus einem **Verb**.
Das finite (gebeugte) Verb steht im Aussagesatz nach dem ersten Satzglied.
Prädikate können mehrteilig sein. Dann steht der zweite Teil am Ende des Satzes.

Beispiele:
Sie **lernen** fleißig.
Sie **haben** dort **gespielt**.
Ein Gewitter **zog** in der Ferne **auf**.

10.2 Subjekt

Es informiert darüber, wer oder was etwas tut.
Man erfragt das Subjekt mit **Wer?** oder **Was?**
Es wird meist von einem **Substantiv** oder von einem **Pronomen** im **Nominativ** gebildet.

Beispiele:
Die Kinder spielen dort.
Ein Gewitter zog in der Ferne auf.

10.3 Objekte

Akkusativobjekte bestehen aus Substantiven oder Pronomen im Akkusativ.
Man erfragt sie: **Wen?** oder **Was?**
Dativobjekte bestehen aus Substantiven oder Pronomen im Dativ.
Man erfragt sie: **Wem?**
Genitivobjekte bestehen aus Substantiven oder Pronomen im Genitiv.
Man erfragt sie: **Wessen?**
Präpositionalobjekte folgen auf Verben, die eine Ergänzung mit einer Präposition verlangen. Man erfragt sie:
– bei Personen: **Präposition + wem** oder **wen?** (z. B. An wen? Mit wem? Über wen?)
– bei Sachen: **Wo(r...) + Präposition?** (z. B. Woran? Womit? Worüber?)

Beispiele:
Sie suchen **ihren Lehrer**.
(Wen suchen sie?)
Wir schenken **ihm** ein Buch.
(Wem schenken wir ein Buch?)
Die Familie gedenkt **der Verwandten**.
(Wessen gedenkt die Familie?)
Sie wartete **auf ihre Freundin**.
(Auf wen wartete sie?)

10.4 Adverbialbestimmungen

Sie informieren über die näheren Umstände eines Geschehens.
Adverbialbestimmungen machen Angaben zu
- der Zeit (Temporalbestimmung)
  Man erfragt sie: **Wann? Seit wann? Bis wann? Wie lange?**
- dem Ort (Lokalbestimmung)
  Man erfragt sie: **Wo? Wohin? Woher?**
- der Art und Weise (Modalbestimmung)
  Man erfragt sie: **Wie? Auf welche Art und Weise?**
- dem Grund (Kausalbestimmung)
  Man erfragt sie: **Warum? Aus welchem Grund? Wieso? Weswegen?**

Beispiele:
Gestern suchten sie ihren Lehrer.
(Wann suchten sie ihren Lehrer?)
Das Auto kam **von links**.
(Woher kam es?)
Er liest **mit Vergnügen** Comics.
(Wie liest er Comics?)
Vor Angst blieb sie stehen.
(Warum blieb sie stehen?)

10.5 Attribute

- Sie sind Teile von Satzgliedern und bestimmen ein Substantiv/ Nomen näher.
  Man erfragt sie: **Was für ein/e? Welche/r/s?**
- Sie stehen vor oder hinter dem Substantiv/Nomen.
- Sie werden durch ein Adjektiv, ein Partizip, ein Pronomen, eine präpositionale Wortgruppe, ein Substantiv/Nomen im Genitiv oder einen Nebensatz gebildet.

Beispiele:
ein **großartiger** Film
das **geplünderte** Versteck
unsere Arbeit
der Hund **von Marie**
im Geheimgang **des Schlosses**
Sie trafen auf ein Gespenst, **das laut heulte**.